CONFÉRENCE

SUR

LE JAPON

FAITE

A LA SOCIÉTÉ DE GÉOGRAPHIE DE LYON

Dans sa séance du 12 février 1891

PAR

M. l'abbé F. MARNAS

MISSIONNAIRE APOSTOLIQUE

LYON

IMPRIMERIE ET LIBRAIRIE EMMANUEL VITTE

30, rue Condé, et place Bellecour, 3

—

1891

CONFÉRENCE

SUR

LE JAPON

CONFÉRENCE

SUR

LE JAPON

FAITE

A LA SOCIÉTÉ DE GÉOGRAPHIE DE LYON

Dans sa séance du 12 février 1891

PAR

M. l'abbé F. MARNAS

MISSIONNAIRE APOSTOLIQUE

LYON

IMPRIMERIE ET LIBRAIRIE EMMANUEL VITTE

30, rue Condé, et place Bellecour, 3

—

1891

CONFÉRENCE SUR LE JAPON

PREMIÈRE PARTIE [1]

APERÇU SUR LE PASSÉ DU JAPON ET SUR SON IMPORTANTE
RÉVOLUTION DE 1868.

Les origines du peuple japonais sont obscures. On admet
généralement que les Aïnos, aujourd'hui confinés dans le Yezo,
furent les premiers à peupler les différentes îles du Japon,
et qu'ils furent graduellement refoulés vers le nord par des
envahisseurs venus du sud-ouest, race plus intelligente, plus
fine, plus apte à la civilisation.

Les savants qui ont le plus étudié le Japon inclinent à
admettre l'hypothèse d'un double courant d'immigration qui,
venu de Corée, se serait progressivement étendu dans la direction de l'est et du nord. L'un aurait fourni le type de visage
arrondi, que l'on rencontre si accentué dans le bas peuple,
l'autre le type aristocratique, auquel les acteurs s'efforcent de
conformer leurs héros de théâtre, et que caractérisent un

---

(1) De nombreux emprunts ont été faits pour cette première partie à
l'intéressant ouvrage « *Things Japanese* » de M. Basil Hall Chamberlain,
professeur de japonais et de philologie à l'Université impériale de Tokio.

contour plus ovale de la face, un nez plus fin, des yeux plus
obliques et une bouche plus petite. Ces deux types ont de
commun la couleur jaunâtre de la peau, les cheveux lisses, la
barbe rare, le développement du crâne, et les pommettes des
joues en saillie, signes qui s'appliquent aux diverses branches
de la race mongole. C'est à cette race qu'appartiendraient
les Japonais proprement dits. Les Aïnos, vigoureux et bien
bâtis, avec leurs barbes épaisses et leurs membres velus, res-
semblent aussi peu que possible à leurs vainqueurs. De mœurs
naturellement paisibles, ils ne vivent que de pêche et de
chasse, sont peu industrieux, très incultes, et sans autre religion que celle de la nature; ils adorent sous le nom de Kamui
le soleil, le vent ou l'Océan. Dans leur retraite, ils ont laissé
à plus d'un lieu du Hondo des noms qui sont un témoignage
de leur séjour passé. Toujours poursuivis par une civilisation
supérieure, ils y sont demeurés jusqu'ici réfractaires. Ils
tendent à disparaître complètement, et ne sont plus qu'une
vingtaine de mille. Dégradés par l'ivrognerie, ils marchent
plus vite à leur ruine dans la paix, dont ils jouissent depuis
un siècle, qu'au milieu de leurs luttes anciennes.

Maintes conjectures fondées sur certains traits communs de
caractère et sur certaines ressemblances physiques, ont été
souvent faites sur des immigrations possibles de Malais,
venus du sud, par les îles Riou-Kiou, mais aucun fait histori-
que, ni même légendaire ne peut être apporté à leur appui.

Le Kodjiki et le Nihongi, compilations qui ne remontent
qu'au VIIIe siècle de notre ère, constituent les plus vieilles
archives que le Japon possède sur ses origines. Elles nous
apprennent qu'après des générations innombrables de divi-
nités invisibles, apparurent enfin Izanagi et Izanami, qui en-
gendrèrent des dieux humains, et même purement matériels,
puisqu'il faut compter parmi eux l'archipel du Japon. Izanami
mourut en donnant le jour au dieu du feu. Comme Orphée,
Izanagi descendit au séjour des morts, pour lui ravir son
épouse; mais sous ces sombres voûtes, il trouva le corps de

la déesse en putréfaction. Souillé par ce contact impur, il se livra à des purifications en suite desquelles Amateras, la déesse du soleil, naquit de son œil gauche, le dieu de la lune de son œil droit, et Suzan, le Neptune japonais, de son nez. C'est entre ces trois enfants qu'il partagea l'empire de l'Univers. Amateras, qui éclaire le monde, dut se cacher dans une caverne pour échapper aux violences de Suzan. Les ténèbres s'étant répandues partout, des myriades de dieux se livrèrent à l'entrée de sa retraite à des jeux qui eurent pour résultat de l'en tirer. Telle est l'origine des danses, qui jusqu'à aujourd'hui se sont transmises dans le culte shintoïste.

C'est d'Amateras que descend Kuma-Yamato-Iware-Biko, plus connu par son nom posthume de Jimmu-Tenno, le premier empereur humain du Japon, le premier mikado. Son règne, placé au septième siècle avant Jésus-Christ, a pour théâtre principal la province d'Izumo, les règnes de ses successeurs celles d'Izumo et de Yamato, et le Kiushu. Rien de remarquable dans les existences de ces souverains primitifs, sinon leur durée : tous vivent au delà d'un siècle. Au milieu de faits mythologiques, parfois interrompus, pour une assez longue période, par une sèche nomenclature de noms et de dates, nécessaires à la continuité de la généalogie impériale, il n'y a guère à signaler que les tentatives du mikado Yamato-Take, en vue d'étendre ses conquêtes dans l'intérieur, et une expédition contre la Corée attribuée au ııᵉ siècle de notre ère à l'impératrice Jingo.

Jusqu'au jour où sous l'influence, d'abord peu sensible, puis de plus en plus réelle de l'empire du Milieu, le Japon se convertit au boudhisme, c'est-à-dire jusqu'au vıᵉ siècle après Jésus-Christ, toute l'histoire de cette première période douze fois séculaire est fabuleuse, et les faits qu'elle mentionne, demeurent contredits par les annales contemporaines de Chine et de Corée. Ce sont les légendes de ces temps primitifs, qui servent de fondement au shintoïsme, religion nationale, dogme politique avant tout. Les mikados sont des dieux descendant d'Amatéras; les daïmios, ou chefs de provinces, sont issus de Kamis secondaires. Les uns et les autres rendent un culte officiel à leurs ancêtres, tandis que le peuple rend aux siens un culte domestique. Pas de préceptes. A la différence des autres peuples, les Japonais, grâce à leur origine divine, ont l'âme pure. Une obéissance passive au mikado constitue toute la morale du Shinto, mot chinois, qui signifie : « Voie des dieux. »

L'introduction du boudhisme au Japon coïncide chez lui avec l'éveil d'une civilisation plus grande. Il lui vint de Corée. C'est le roi d'Hakusai, une province de ce pays, qui, en 552, offrit au mikado Kimmei avec quelques livres sacrés, une idole de Boudha. Chose remarquable, tandis que le souverain ouvrait les portes de son palais et de son empire à cette divinité, qui eût pu lui ravir l'adoration de ses sujets, le peuple se montra tout d'abord hostile au culte nouveau, Il lui attribua plusieurs calamités et en 585, il alla même jusqu'à détruire de fond en comble le premier temple boudhiste. Mais Shotoku-Taïshi, prince puissant, qui vécut de 575 à 624, se fit l'apôtre de la religion étrangère, et réussit à la faire prévaloir sur le shintoïsme, qui n'en subsista pas moins.

Il fut mis au nombre des saints, du Nirvana et sa statue se trouve fréquemment dans les pagodes japonaises à côté de celle de Çakiamouni.

Confucius ne tarda pas lui aussi à être connu, grâce aux belles-lettres chinoises, mises en honneur par les bonzes à la cour de Kyoto. Mais ses disciples se recrutèrent surtout parmi les grands et les lettrés, et son culte ne devint jamais populaire.

Shintoïsme, boudhisme et confucianisme, telles sont donc les croyances diverses sous l'influence combinée desquelles le peuple japonais va vivre pendant des siècles. De ces éléments religieux distincts, qui par suite d'emprunts mutuels finissent par se compénétrer, aucun trouble ne résulte jusqu'à la révolution de 1868. Ce qui domine dans l'esprit du peuple, c'est la haute antiquité du Japon, son origine divine, un panthéisme qui fait de chaque individu une fraction de la divinité ; le respect des ancêtres, l'obéissance passive au mikado, fils des grands kamis et d'Amateras pour le sintoïste, Boudha pour le boudhiste, autorité sacrée pour le disciple de Confucius.

Le premier résultat de l'influence étrangère fut de fortifier le pouvoir entre les mains de l'empereur, qui devient comme en Chine, souverain absolu. Toutefois, l'usage de l'abdication ne tarde pas à affaiblir, et même à effacer, cette autorité sans limite. Aux yeux des bonzes, devenus puissants, il convient qu'après avoir occupé quelque temps le trône, les mikados enferment leur vie dans une sainte contemplation. Entourés de femmes et de prêtres, ces monarques dont les jours s'écoulent dans l'indolence, la débauche et les brillantes solennités des temples, ne gardent pas longtemps la direction effective de l'empire. Peu à peu, elle est tout entière absorbée par la famille puissante des Fujiwara. Mais la petite noblesse, pleine de mépris pour leur gouvernement sans dignité, se soulève en 1050, et jusqu'à la fin du xii⁰ siècle, les « Taïra » et les « Minatomo » se disputent leur succession, et les remplacent alternativement auprès du mikado. En 1190, les Taïra sont définitivement supplantés par les Minatomo, dont le chef, Yoritomo, reçoit de la cour de Kyoto le titre de shogun ou généralissime, qui donné d'abord aux chefs d'armée envoyés contre les rebelles des provinces ou les Aïnos, prit avec lui une signification plus élevée et synonyme de maire du palais.

C'est donc de 1190 que date cette institution du shogunat, si célèbre dans la féodalité japonaise et qui ne tomba qu'avec elle en 1867. Si grande que fût la puissance du shogun, il n'y eut jamais au Japon, comme on l'a souvent écrit, deux empereurs : l'un spirituel et l'autre temporel. Il n'y en eut jamais qu'un seul, le mikado. Bien qu'il ne fût souvent qu'un simple enfant, remplacé par un autre dès l'adolescence,

il demeura toujours le chef théorique et incontesté de l'Etat;
et le shogun ne fut jamais regardé que comme agissant en
vertu d'une délégation de son autorité.

L'épreuve fatale de l'amollissement attendait les successeurs de Yoritomo, et dans ce pays où les plus grands efforts
ne se soutiennent pas toujours, ils n'y résistèrent pas. Dès
1225, les Hojo, sous le nom de régents, sont les vrais maîtres
du Japon, tandis que la cour des mikados à Kyoto, et celle
des shoguns à Kamakura, sommeillent dans les plaisirs.

Le xive siècle voit éclater une compétition au sein du palais impérial. Soutenues par divers chefs féodaux, deux branches de la dynastie entrent en lutte, sous les noms de couronne du sud et de couronne du nord. Celle-ci, finalement
victorieuse grâce à l'appui des Ashikaga, confère le shogunat
à cette famille, qui, tombant à son tour dans la mollesse et
gouvernant moins par elle-même que par d'autres, le con-
serve néanmoins jusqu'en 1597.

C'est l'époque des grandes rivalités féodales, analogues à
celles de notre moyen âge. Chaque daïmio est en guerre
avec ses voisins, et lorsque en 1542, les Portugais abordent
au Japon, tout le pays est en proie à une véritable anarchie.

C'est aussi l'époque où, avec saint François Xavier, la lumière de l'Evangile se lève sur ce peuple. Mais après un
immense et rapide développement, après avoir compté
600,000 fidèles, 138 missionnaires, et vu les princes du Bongo,
d'Arima et d'Omuro venir en ambassade présenter leurs
hommages au Souverain Pontife, à Rome même, la religion
de Jésus-Christ fut presque entièrement éteinte dans la plus
sanglante persécution, et avec elle furent étouffés les germes
d'une civilisation supérieure.

Le premier qui chercha à sauver son pays de l'anarchie
et conçut le dessein de concentrer fortement dans les mains
d'un seul maître, le pouvoir que les daïmios se disputaient
à la pointe de l'épée, fut Ota Nabunaga. Son œuvre continuée
par Hideyoshi, plus connu sous le nom de Taïco-Sama, capi-

taine rendu illustre par la conquête de la Corée en 1598, fut achevée par Ieyas Tokugawa. Grand diplomate et grand administrateur, Ieyas sut, par une habile répartition des fiefs entre ses créatures, briser ou contrebalancer l'influence des grands daïmios; et par son attitude respectueuse à l'égard de la cour de Kyoto, obtenir d'elle le shogunat. Il établit sa capitale à Yedo (en 1590) et contraignit les daïmios à y vivre six mois de l'année, et à y laisser pendant les autres leurs femmes et leurs enfants.

C'est cette dernière période du shogunat, occupé par les Tokugawa, qui constitue en grande partie pour nous le vieux Japon isolé, rangé en castes, figé dans ses institutions féodales, tel, en un mot, que les récits hollandais le font connaître.

Au-dessous du mikado, du shogun et des daïmios, la nation est divisée en quatre classes : celle des samuraïs, celle des agriculteurs, celle des artisans et celle des marchands.

Les samuraïs composent, en temps de guerre, les armées de chaque daïmio. Ils vivent à ses frais, même en temps de paix, et jouissent d'une noblesse qui est héréditaire. Ils ne peuvent se marier qu'entre eux. Ils portent deux sabres à la ceinture; l'un, le plus grand, leur sert à défendre leur maître; l'autre à s'ouvrir le ventre, s'ils ne parviennent pas à le sauver.

Les agriculteurs sont de véritables serfs attachés à la glèbe. Le sol qu'ils cultivent ne leur appartient pas, et ils payent aux daïmios un impôt foncier élevé. Moins considérés qu'eux, les artisans et les marchands leur payent aussi des contributions énormes et souvent arbitraires.

Chaque province forme un clan, dont les intérêts sont liés à ceux du daïmio. Chaque daïmio relève du shogun et est tenu de lui porter tous les deux ans un tribut en dehors duquel il a la plus absolue indépendance dans sa province, au point de vue judiciaire, administratif, militaire et financier.

Lorsqu'en 1853-54, le commodore Perry vint demander au Japon d'entrer en rapport avec les Etats-Unis d'Amérique et les autres puissances, une école de lettrés, née à l'inspiration de Ieyas, protecteur des arts et de la littérature, excitait les esprits contre l'autorité shogunale. Eprise des légendes antiques de la patrie, après avoir prêché d'abord l'abandon des classiques chinois, elle en était venue à demander le retour au shintoïsme, culte de l'empereur, et le renversement du boudhisme, devenu depuis longtemps la religion des shoguns, qu'elle ne craignait pas de traiter d'usurpateurs. L'ouverture aux étrangers (en 1857) de quelques ports, et en particulier de Kanagawa et de Hakodate, à laquelle le shogun Yemoshi ne put se soustraire, contribua, elle aussi, à préparer la chute du shogunat.

Tandis que Yemoshi envoyait (en 1860) des ambassadeurs en Amérique et en Europe, la cour de Kyoto, plongée dans une ignorance absolue des choses de ce monde, ne pouvait se faire à l'idée que la terre des dieux fût souillée par des étrangers et demandait que les barbares fussent repoussés à tout prix. Plusieurs daïmios se rendirent à ses instructions secrètes et, en 1863, l'un d'entre eux, le prince de Koshu, fit feu sur des navires anglais, français, hollandais et américains. C'était précisément l'heure où le shogun, placé entre les troubles du dedans et l'invasion du dehors, cherchait, à force de diplomatie, à obtenir le renvoi des étrangers que, cinq ans auparavant, la vue des canons du commodore Perry l'avait contraint à admettre sur quelques points du territoire.

Le bombardement de Shimonoseki, principal port du Koshu, et l'exigence d'une assez forte indemnité furent la réponse des pavillons insultés. Honteux de l'humiliation infligée au Japon, le shogun voulut en punir aussitôt le prince de Koshu. Il lève son armée, s'avance contre lui, mais subit une défaite et reçoit la mort. Hitotsubashi lui succède mais pour peu de temps, car la cour de Kyoto, forte de l'appui des clans de Koshu et de Satzuma, décrète l'abolition du shogunat. Hitotsubashi se soumet et ceux de ses partisans qui refusent de se rendre sont battus sur tous les points : à Fushimi, à Yedo, à Aizu et à

Hakodate. L'étendard du mikado n'a qu'à se montrer pour être triomphant, et à sa vue les soldats des troupes ennemies se prosternent la face contre terre.

Ainsi finit, avec la victoire des clans de Koshu et de Satzuma, l'institution séculaire du shogunat et avec elle le gouvernement féodal.

L'année 1868 voit s'inaugurer une ère nouvelle, connue sous le nom de Meiji, mot qui signifie « gouverner clairement ».

Le mikado, jeune homme de 17 ans, est tiré du palais de ses pères, véritable tombeau, et transporté de Kyoto à Yedo, dans le château-fort, entouré de murs cyclopéens et de larges fossés, construit par Ieyas. Toute autorité législative et exécutive est déposée entre ses mains inexpérimentées par des hommes nouveaux, et le gouvernement s'organise par leurs soins sur la base du pur absolutisme. Le shintoïsme, religion de l'empereur, est exalté et les principaux temples boudhistes purifiés, c'est-à-dire rendus au culte primitif de la nation. La joie du parti lettré est extrême. Il ne doute pas qu'on ne soit sur le point d'en finir avec toute innovation étrangère. Le Japon, reculant à leurs yeux de quatorze siècles, va redevenir ce qu'il était avant le boudhisme et l'influence de la Chine : le pays des dieux. Ce rêve fut de courte durée.

Les hommes de Koshu et de Satzuma, qui au nom de la sainte haine des barbares avaient renversé le shogun et restauré le mikado, se déclarent soudain, par le plus habile des revirements, favorables en principe aux relations avec l'étranger. Que s'était-il donc passé dans leurs esprits. Eclairés par les récits des ambassadeurs japonais, et plus encore par l'expédition anglo-française de Chine, ils venaient de comprendre qu'accepter ou non une civilisation supérieure, était pour leur pays une question de vie ou de mort ; qu'il lui faudrait subir fatalement le joug des puissances d'Occident, ou s'assimilant sans retard ce qui faisait leur force, entrer dans un mouvement de transformation, de réforme et de progrès, qui lui permît de se défendre d'abord et, un jour venant, de traiter peut-être avec elles d'égal à égal.

C'est à ce travail magnifique, c'est à cet effort considérable d'une nation, qui veut grandir afin de rester elle-même, que nous assistons depuis vingt ans. Et je ne sache pas que l'histaire ait jamais eu à enregistrer une révolution plus profonde, plus rapide, plus pacifique, et jusque-là couronnée de plus de succès.

En 1871, les droits féodaux sont abolis. Les grands feudataires sont tous en même temps convoqués à Tokio, où ils arrivent comme autrefois avec leurs longues escortes. Mais là, on leur annonce qu'ils n'ont plus aucun droit sur leurs provinces, et qu'ils devront dorénavant vivre à la capitale ; qu'il n'existe plus de différence de rang entre les sujets de l'empereur, et que les dignités sont désormais purement honorifiques. En échange de leurs domaines et des redevances qui y sont attachées, ils reçoivent des obligations à terme, émises par le gouvernement. Forcés de se soumettre, les daïmios s'empressent, pour la plupart, de dépenser dans le désœuvrement et le plaisir leur indemnité pécuniaire, laissant se pousser aux affaires une aristocratie de parvenus, décorée de nos titres de prince, duc, marquis et comte.

A peine délivré des liens de la féodalité, le peuple japonais prend un essor merveilleux. Il s'ouvre à tous les progrès avec une sorte d'avidité. Il appelle à son aide nos jurisconsultes, nos officiers de terre et de mer, nos ingénieurs, nos professeurs. Il envoie en Europe et en Amérique l'élite de sa jeunesse se former sous nos drapeaux, dans nos écoles, dans nos usines, dans nos banques, et vingt années lui suffisent pour se faire des codes nouveaux, réorganiser son administration, ses finances, son armée, sa marine, créer des industries nouvelles, ouvrir à son commerce de nombreux débouchés, et prendre à l'égard des puissances occidentales l'attitude d'un peuple vraiment civilisé.

Dès 1871, les postes et télégraphes sont établis ; dès 1872 on travaille aux premiers chemins de fer. Plusieurs compagnies de bateaux à vapeur se fondent dans les années suivantes en même temps qu'un hôtel de la monnaie se construit et s'organise à Osaka. En 1877, une première exposition industrielle nationale s'ouvre à Tokio, et elle est suivie de la création d'une première Bourse et d'une première Chambre de commerce. En 1880, par les soins d'un jurisconsulte français, M. Boissonade de Fontarabie, un code pénal et un code de procédure criminelle sont publiés, en attendant la publication d'un code civil. Une cour suprême de justice est inaugurée en 1883, tandis que des réglementations sévères concernant les meetings sont portées en vue de combattre les nouveaux partis de libéraux et de radicaux qui commencent à se faire jour. Enfin, en 1889, après de nombreuses réformes, Sa Majesté l'empereur Mutsuhito, qui règne depuis 24 ans, proclame solennellement une nouvelle constitution, aux termes de laquelle la monarchie cessant d'être absolue, doit devenir constitutionnelle à partir de 1890. Le gouvernement se composera désormais de l'empereur, d'un ministère, d'un sénat formé des princes du sang et de membres élus par le mikado et la nation, enfin d'une chambre de 300 députés, nommés au suffrage restreint.

Ces élections ont eu lieu au mois de juillet dernier, tandis que je me trouvais à Kyoto. Et, le 29 novembre, l'empereur a ouvert solennellement la diète japonaise par le discours suivant :

« Messieurs les Membres de la Chambre haute,
« Messieurs les Membres de la Chambre des représentants,

« L'organisation des divers services d'administration inté-
« rieure, à laquelle Nous avons travaillé pendant les années qui
« se sont écoulées depuis notre accession au trône, est une œuvre
« qui peut être considérée comme achevée, du moins dans ses
« grandes lignes. Grâce aux mérites de Nos divins Ancêtres,

« nous comptons poursuivre et développer cette œuvre de con-
« cert avec vous, et arriver, par les excellents fruits que Nous
« recueillerons de la Constitution, à faire briller à l'avenir, d'un
« éclat de plus en plus vif, tant au dehors qu'au dedans, la gloire
« de Notre empire, et l'esprit loyal et entreprenant de Notre
« peuple.

« Un objet constant de Notre sollicitude a été d'entretenir des
« rapports de bonne amitié avec les autres pays. Nous sommes
« d'ailleurs heureux de constater que les liens qui unissent cet
« empire aux puissances avec lesquelles Nous avons conclu des
« traités, deviennent chaque jour plus intimes et plus étroits.

« Le souci du maintien de la paix au dedans comme au dehors
« Nous fait désirer de nous rapprocher, chaque année, du
« moment où l'organisation de Nos forces de terre et de mer
« sera complète.

« Nous ferons soumettre par nos ministres d'Etat aux délibé-
« rations de la Diète le budget approximatif de l'exercice 1891,
« ainsi que divers projets de lois. Guidés par l'impartialité et la
« prudence, dans Vos travaux et aussi dans le concours que
« vous Nous prêterez, vous laisserez, nous en avons la ferme
« confiance, des exemples qui serviront de règle pour l'avenir. »

Ce discours prononcé en présence des représentants étrangers et des membres du corps diplomatique en grand
uniforme, par un empereur qui, il y a vingt ans, était encore,
comme en Chine, une divinité inaccessible à ses sujets, proclame assez haut quel pas le Japon vient de faire.

Mais à l'heure actuelle, et on peut en trouver la trace jus-
que dans le message impérial, c'est moins la Constitution
nouvelle qui préoccupe les esprits, que la question des traités conclus, mais non encore ratifiés avec les diverses puissances. Le Japon voudrait bien reconquérir toute sa liberté
judiciaire et économique, mais il lui répugne d'accorder
aux étrangers certaines concessions.

D'après les premières conventions, les sujets européens
ou américains se trouvent soustraits à la juridiction japonaise, et placés sous celle de leurs consuls respectifs. Cette

mesure était parfaitement justifiée au début par l'existence
de la torture, l'inhumanité des prisons, la justice fort sommaire des tribunaux, et la haine répandue dans le peuple
contre les barbares d'Occident.

Aujourd'hui que le Code Napoléon, avec quelques modi-
fications exigées par les coutumes du pays, fait loi, les Japonais supportent difficilement la situation privilégiée qu'ont
chez eux les étrangers. Et cependant, au dire de ceux-ci, si
des lois nouvelles ont été adoptées, ni les mœurs des juges,
ni celles du peuple auquel elles doivent être appliquées, ne
sont encore suffisamment modifiées. M. Boissonnade, avec
qui j'ai fait le voyage du Japon, me disait avoir proposé la
solution suivante : Pendant douze années encore, durant lesquelles le nouveau Code aurait le temps de s'implanter, et les
juges celui de se façonner, la juridiction des consuls sur leurs
nationaux serait maintenue. Considérée comme éteinte au
bout de cette période, il n'y aurait plus désormais, pour sau-
vegarder les intérêts des résidents étrangers, que trois ou
quatre membres à la Cour de cassation, appartenant soit à
l'Amérique, soit à l'Angleterre, soit à la France, soit à l'Ita-
lie ou à l'Allemagne. J'ignore si présentement cette solution
a des chances d'être acceptée. Ce que je sais toutefois, c'est
que les Japonais répondent à notre non-acceptation de leur
juridiction, en maintenant pour nous l'exterritorialité.

Le Japon nous reste fermé. Aucun étranger ne peut circu-
ler dans l'intérieur du pays sans un passeport fréquemment
visé, ni rien posséder en dehors des concessions de quelques
ports ouverts. Ce que je sais encore, c'est que, dans ces dernières années, le gouvernement paraissait plus disposé qu'aujourd'hui à nous accorder le droit de posséder autrement
qu'à l'aide de prête-noms japonais. Il répugne même à l'idée
d'avoir des tribunaux mixtes. A côté d'un grand orgueil pa-
triotique, il y a chez lui une tendance marquée à donner
satisfaction aux vieux préjugés du peuple, qui craint toujours
de voir l'étranger venir exploiter son sol.

En 1889, les traités touchaient à leur ratification sous le ministre Okuma. La tentative d'assassinat qui eut lieu contre lui a beaucoup contribué à les maintenir suspendus. Atteint dans sa voiture par une bombe de dynamite, ce ministre ne perdit pas la vie, mais son portefeuille, et une jambe par-dessus le marché. Quant au fanatique qui avait cru de la sorte bien mériter du Japon, il se coupa la gorge séance tenante.

Ce fait montre jusqu'à quel point cette question des traités passionne les esprits.

D'ailleurs, l'assassinat d'un ministre, ou de quelque homme attaché à la politique, commence à ne pas être un fait rare au Japon. Le jour même de la proclamation de la nouvelle Constitution, le ministre Mori tomba frappé d'un coup de sabre au moment où il s'apprêtait à sortir de chez lui. Diverses mesures relatives à l'université lui avaient attiré, dit-on, la haine des étudiants ; et on lui reprochait, en outre, de s'être irrespectueusement comporté au temple shintoïste d'Isé.

En 1878, le ministre Okubo fut tué lui aussi dans sa voiture, et ses agresseurs se livrèrent aussitôt après à la police, en lui remettant un cahier où toutes leurs raisons se trouvaient exposées.

Enfin, au moment des dernières élections, deux candidats à la députation furent assassinés ; et je me souviens qu'ayant invité à dîner, peu de jours avant mon départ de Kyoto, plusieurs de mes amis japonais, l'un d'eux, un des nouveaux élus, nous arriva entre deux policemens ayant pour mission de le protéger.

Ces tueries n'indiquent-elles pas que, si la féodalité a disparu, en tant que système gouvernemental, les vieilles mœurs et l'esprit ancien survivent, dans une certaine mesure, à la Constitution et aux lois nouvelles ? Le territoire a beau avoir été divisé en départements, et les daïmios remplacés par des préfets, les vieux clans ne sont point complètement détruits.

Beaucoup ont gardé avec leurs traditions une cohésion qui,

en cessant d'avoir pour principe l'obéissance et l'attachement
au seigneur féodal, s'appuie aujourd'hui sur un sentiment de
confraternité. Quelques-uns de ces clans sont encore tout-
puissants dans l'empire, notamment ceux de Satzuma et de
Koshu, qui ont restauré le mikado, et ceux de Tosa et de
Hizen. En 1889, les sièges ministériels furent ainsi répartis :
trois à Satzuma, trois à Koshu, deux à Tosa, un à Hizen, et un
seulement à un clan précédemment rallié au shogun. Une
telle distribution ne saurait être évidemment l'œuvre du
hasard.

Le vieux Japon se survit donc, modifié, malgré des institutions nouvelles, beaucoup plus à la surface qu'au fond. Si
chaque jour il perd quelque chose de lui-même, si au contact de notre civilisation il tend à se rapprocher de nous, s'il
a déjà fait des progrès considérables, le voyageur qui débar-
que aujourd'hui sur ces îles lointaines ne peut manquer d'être
frappé par ce qui subsiste des choses d'autrefois, et l'observa-
tion de ces coutumes si éloignées des nôtres n'est pas le
moindre charme de la visite qu'il fait à ce peuple, le plus
sympathique de l'extrême Orient.

DEUXIÈME PARTIE

MŒURS JAPONAISES

À part les ports ouverts, où les Européens et les Américains
ont installé leurs habitations, leurs comptoirs et leurs clubs, et
où les Chinois ont transporté, avec leurs trafics divers, toute la
saleté de leur immonde Chine ; à part la capitale et les grandes
villes, où les fonctionnaires grands et petits, les élégants et
ceux qui sont dans le mouvement se travestissent complai-
samment sous notre costume occidental, la physionomie du
Japon est demeurée dans son ensemble bien japonaise.

En débarquant à Kobé, je m'attendais à trouver, en assez grand nombre, des Japonais vêtus en vrais Parisiens, comme ceux que j'avais connus en Europe. Mais je constatai bien vite qu'au Japon ces Japonais n'étaient qu'une exception, et je fus presque épouvanté lorsque en quittant le navire, je me vis entouré par ces petits hommes à l'aspect sauvage, à la figure taillée à coups de marteau, aux cheveux en broussailles, aux jambes nues et piaffant dans la boue, qu'on appelle kurumaya, et qui, s'étant saisis de moi après mille révérences peu en harmonie avec leurs personnes, m'emportèrent en un clin d'œil, dans le plus léger des véhicules, à travers des rues étranges, au sein d'une population plus étrange encore.

Pris dans sa plus grande simplicité, le costume des hommes se compose d'un pagne. Cette tenue sommaire, depuis la loi de 1873, proscrivant la nudité dans les rues, n'est plus guère de mise qu'aux temps caniculaires et dans l'intérieur des maisons. Une longue robe de soie ou de coton, à larges manches carrées, qu'on endosse après le pagne, et qui, à défaut de boutons ou d'agrafes, est maintenue croisée sur le devant du corps par une ceinture, constitue le costume le plus ordinaire. Les pans de cette robe sont souvent relevés à la hauteur des genoux, l'hiver parce qu'il y a de la boue et l'été parce qu'il fait chaud.

En cérémonie, on met par-dessus cette robe un vêtement de même forme, mais plus court, appelé hâori, et des pantalons de soie bouffants. Chez les ouvriers, cette robe est souvent remplacée par des maillots et des culottes très collantes. Quant aux coureurs, ils portent de simples caleçons, ce qui leur permet de montrer les muscles de leurs jarrets.

L'usage de la chemise, ce premier élément de notre costume, est aussi peu japonais que possible. Les gens qui se respectent le plus y suppléent quelquefois par un tricot de coton d'importation récente. Encore n'est-il point de rigueur. Je ne parle pas de ceux évidemment qui ont adopté le costume européen. Encore n'oserais-je pas affirmer que, malgré son faux-col savamment brisé et sa cravate, quelque novice n'oublie pas de temps à autre ce vêtement, qui chez nous est le dernier dont on consente à se défaire.

L'habitude, pour les hommes, de se raser tout le sommet de la tête et d'y ramener un toupet formé avec les cheveux de la nuque disparaît peu à peu, mais il subsiste encore dans beaucoup de campagnes. Hommes et femmes gardent généralement la tête nue. Un parasol en papier huilé, monté sur des fibres de bambou, et couvert de grands caractères chinois, les protége également contre le soleil ou la pluie.

Les coolies, les travailleurs des champs, les pèlerins, les bonzes mendiants se coiffent de volumineux chapeaux de paille de riz, assez semblables, pour la forme, à une corbeille à pain de boulanger renversée. Quelques riches commerçants, quelques fashionables ajoutent volontiers à leur vêtement japonais un chapeau de feutre, confectionné sur des types anglais ou américains avec une imitation scrupuleuse. Rien ne manque à ces reproductions, pas même, au fond de la calotte, la marque de fabrique étrangère, énigme respectée. Le fait suivant montre bien jusqu'où va parfois cette servilité. Un Européen de Yokohama ayant un jour remis un pantalon usé à un tailleur japonais pour qu'il lui en fît un pareil, quel ne fut pas son étonnement lorsqu'il reçut livraison de sa commande! Les deux pantalons étaient si semblables qu'il ne put parvenir à distinguer le neuf du vieux : dans l'un comme dans l'autre, mêmes déchirures, mêmes taches, mêmes pièces, même absence de boutons en face des mêmes ganses : pour n'être pas nés le même jour ils étaient parfaitement jumeaux.

La chaussure japonaise appelée « guetta » se compose d'un plateau de bois brut, quelquefois laqué et recouvert d'une semelle de paille pour les femmes, et élevé de 3 à 10 centimètres au-dessus du sol. Sur ce plateau le pied est posé nu, ou chaussé d'un bas s'arrêtant à la cheville, et divisé en manière de gant, en deux compartiments, l'un pour le pouce, et l'autre pour les autres doigts. Deux bandes étroites de

velours, partant l'une du côté gauche et l'autre du côté droit
de la guetta, viennent se fixer et se réunir à la pointe. Le
pouce est introduit sous l'une de ces bandes, les autres doigts
sous l'autre. Cette sandale péniblement soulevée, qui se déta-
che à chaque pas du talon, donne aux Japonais une démarche
pénible et traînante. Son seul avantage est de tenir le pied
au-dessus du sol fangueux, et comme elle n'est jamais admise
dans l'intérieur des maisons, de pouvoir être quittée ou reprise
facilement.

Nos chaussures de cuir commencent à être portées. Mais,
étant donnée l'organisation des maisons, je mets en doute que
ce soit là une bonne innovation. Elles sont toutefois du dernier bon ton, et j'ai vu des Japonais s'en aller, au jour de
l'an, faire leurs visites vêtus du costume national, coiffés d'un
beau feutre et tenant leurs souliers à la main, tandis qu'ils
marchaient pieds nus et robe troussée dans la boue.

Pour être complet, dirai-je que nos lunettes de verres de
couleur variée sont, à défaut des lorgnons qui ne peuvent se
tenir en équilibre sur le nez japonais, assez en vogue et qu'on
les porte souvent moins pour le besoin qu'on en a que pour
l'air grave ou studieux qu'elles communiquent au visage ? —
Mais ce sont là d'infimes détails, et le produit d'une assimi-
lation à son début des usages exotiques. Un Asiatique, quel
que soit son talent d'imitation, ne peut pas s'européaniser en
un jour, et, somme toute, le temps est déjà loin où l'on était
obligé de tracer des croix au blanc de Troyes sur les vitres
des vagons pour indiquer leur existence aux voyageurs.
Habitués aux fenêtres en papier de leurs logis, ils la soup-
çonnaient si peu qu'ils s'assommaient contre le verre trans-
parent en voulant parler aux gens de la voie, ou crachaient
dessus à leur grand ébahissement et à leur extrême confusion.

A part donc quelques détails, on peut dire que le peuple
dans sa masse est resté jusqu'ici fidèle à son costume oriental,
mieux adapté assurément que le nôtre à son climat. Et si les
fonctionnaires, différant en cela des Chinois traditionalistes,

nous empruntent nos vêtements étriqués, ils les quittent volontiers dans leur intérieur.

Quant aux femmes, je ne crois pas qu'il y en ait 200 sur 20 millions qui aient adopté les modes européennes. Elles leur siéent mal d'ailleurs ; et l'impératrice est, malgré sa très petite taille, une des rares personnes par qui je les ai vu porter avec distinction. La plupart des Japonaises ne se sentent jamais chez elles dans ces prisons : cela saute aux yeux. Leurs pieds surtout, habitués à se développer librement sur les nattes luisantes ou sur les guetta lourdes et sonores, ne peuvent se faire à nos bottines, et, sous le vêtement qui les affuble, elles ont en général la plus disgracieuse démarche. Comme leurs robes voyantes et leurs riches ceintures sont plus belles ! Et comme elles ont raison de les garder !

Rien de pittoresque comme ces costumes orientaux dans ces rues bordées de maisons basses, construites en bois, en terre et en papier, et recouvertes de tuiles noirâtres. A droite et à gauche, les boutiques s'ouvrent largement aux regards du curieux : elles montrent tout ce qui se passe dans leur intérieur, exhalent mille parfums nouveaux pour l'odorat et étalent, au milieu d'objets inconnus et disposés avec ordre, les scènes diverses de la vie journalière.

Ici, c'est un groupe d'enfants qui s'agitent autour d'un cerf-volant, avec leurs robes bigarrées et leurs manches traînantes, semblables en leurs mouvements à d'énormes papillons. Là, ce sont des jeunes filles, rieuses, distinguées, toujours prêtes à esquisser une révérence ; elles passent, regardant l'étranger du coin de l'œil et sans trop se détourner ; ou s'arrêtent devant les étalages pour contempler les fleurs artificielles, qu'elles piqueront dans leur brune chevelure, les belles étoffes en crêpe de Chine ou les ceintures de soie brochée d'or, dont les échantillons sont suspendus à des cercles tournants à portée de leurs mains.

Plus loin, ce sont des mères portant leurs enfants attachés sur le dos ; de vieilles femmes aux dents teintes en noir, à la

face blême et au chef branlant, appuyées sur de longs bâtons ;
de petites filles, reconnaissables à la tonsure arrondie qu'elles
ont au sommet de la tête ; des écoliers, coiffés d'une casquette
prussienne, tenant sous le bras leurs livres soigneusement
enveloppés dans un mouchoir ; des étudiants à lunettes, pleins
de suffisance et de morgue ; des marchands ambulants, qui,
sur l'épaule, portent un bâton aux extrémités duquel sont sus-
pendues leurs denrées, et qui vous frôlent en trottinant et en
criant ; des distributeurs de journaux qui courent, une sonnette suspendue à la hanche ; des kurumaya, les uns au repos,
enveloppés dans leurs couvertures de laine rouge, jouant aux
dés ou à la mora ; les autres se croisant à toutes les allures
avec leurs chars vides ou chargés de promeneurs ; enfin, des
bonzes, la tête rasée, vêtus de longs surplis de couleurs va-
riées suivant leur secte ou leur rang, une étole d'or au cou,
un éventail à la main. Ils passent, l'air faux et dédaigneux,
au milieu d'un peuple habitué à leur endroit à une crainte
révérentielle et superstitieuse. Ceux qui font le métier de
mendiants ont la tête cachée sous un énorme chapeau de
paille ; ils sont vêtus de couleurs sombres et vont de rue en
rue, de maison en maison, au milieu d'un bourdonnement de
prières continuel et monotone, interrompu seulement par le
son d'un timbre qu'ils portent sur la poitrine, et sur lequel ils
frappent avec un petit marteau.

Ce qui domine dans la physionomie de cette foule, c'est le
calme, la nonchalance, la bonne humeur. Aucune préoccupa-
tion vive n'est peinte sur les visages. Les Japonais ont toujours l'air d'avoir le temps. Il y a aussi dans leur maintien,
dans leur manière de se saluer, de s'aborder et de se séparer
je ne sais quelle courtoisie, quel goût, quel respect, qui, jus-
que sous les dehors de la pauvreté, sent l'aristocratie, et peu
à peu vous fait revenir de vos premières impressions souvent
défavorables.

Mais ne nous en tenons pas au dehors, au costume, à l'aspect des rues. Entrons dans une maison amie, et cherchons à

pénétrer plus intimement dans la vie de ce peuple. Nous devons tout d'abord nous courber profondément sous une porte très étroite et très basse, quitter nos souliers, à qui il n'est jamais octroyé de fouler les nattes, ce luxe principal de toute habitation japonaise, depuis le palais du mikado jusqu'à la plus humble demeure.

Tandis que nous accomplissons cette première et indispensable formalité, assis sur un petit escalier de bois qui entoure la terre nue du vestibule, une cloison mobile en papier a glissé derrière nous dans sa coulisse et sur le seuil de l'appartement plusieurs servantes se sont agenouillées, attendant que nous nous relevions pour se prosterner à diverses reprises devant nous la face contre terre. Déjà elles ont frappé dans leurs mains pour prévenir de notre arrivée les maîtres de céans, dont la voix leur a répondu à l'intérieur.

A peine avons-nous fait quelques pas, que ceux-ci viennent à nous, et se prosternent à leur tour. Si nous n'étions Occidentaux, nous devrions, en gens polis, nous agenouiller nous aussi, et échanger au milieu d'une douzaine de prosternations plusieurs compliments dans le genre de ceux-ci : Je suis suspendu à vos nobles yeux ! Comment va votre noble santé? Mais habitué à la politesse sommaire des étrangers, on n'emploiera, à notre égard, que le minimum du cérémonial en usage, auquel nous répondrons d'ailleurs avec une parfaite gaucherie.

A mesure que nous avançons dans la maison, les murailles en papier glissent sur elles-mêmes, s'ouvrant à notre passage et se refermant derrière nous. Le plafond est si près de nos têtes, les fenêtres en papier si opaques, que l'on éprouve, comme une sensation d'étouffement, et l'impression d'être prisonnier dans une cage à mouche.

Ces maisons sont, en effet, de véritables cages. Elles sont posées sur le sol sans fondation. Caves et greniers sont inconnus. Les poteaux qui soutiennent la toiture sont placés sur des pierres enfoncées dans le sol à une petite profondeur.

Reliés entre eux en haut et en bas par des barres en bois, ces poteaux supportent non seulement le toit, toujours construit avant les murs, mais le plancher, élevé d'un mètre environ au-dessus de terre, et sur lequel les nattes sont emboîtées les unes à côté des autres. D'un bout à l'autre du Japon, ces nattes ont toutes la même largeur et la même longueur. De là viennent ces expressions : une maison, une chambre de tant de nattes. La superficie se mesure par nattes, comme chez nous par mètres carrés. De légers treillis de bambou, tendus d'un poteau à l'autre et enduits de terre, forment les murs. Encore arrive-t-il souvent que la maison n'est fermée, sur plusieurs de ses côtés, que par des châssis de papier, revêtus la nuit de châssis en bois, à cause des voleurs.

Si cette disposition permet en été, par une chaleur de 35 degrés à l'ombre, d'établir de salutaires courants d'air; par contre elle est fort peu pratique pour l'hiver, et pour peu qu'en jouant les chats fassent des trous dans les fenêtres, on a parfois beaucoup à souffrir des rigueurs de la température. Ces demeures légères résistent très bien par contre aux tremblements de terre, qui sont fréquents.

Rien de facile à faire comme l'inventaire du mobilier d'une chambre japonaise. Sur les nattes, un plateau contenant une théière et des tasses microscopiques ; un *hibachi*, sorte de brasero, qui sert à faire bouillir le thé, à se chauffer le bout des doigts quand il gèle, et en toute saison à allumer la pipe, inséparable compagne des hommes et des femmes. Cette pipe minuscule (pour le dire en passant) qui ne contient qu'une pincée de tabac, juste de quoi fournir aux poumons et aux fosses nasales une bouffée ou deux, ne cesse de se vider et de se remplir au milieu d'interminables bavardages.

Continuons : dans un coin, un écran lilliputien; dans un autre, un véritable cèdre, en miniature, qui pousse dans un beau vase ; contre le mur un kakemono déroulé, sur lequel sont représentés le soleil ou la lune se levant sur le Fuji

Yama, des cigognes volant à tire d'aile, des tigres ou des paons fantastiques ; des pins, des bambous, de belles fleurs de sakoura sur un fond d'or, souvent un dieu au visage grimaçant, une déesse aux cent bras, ou quelque illustre personnage des temps anciens, toutes peintures sans relief, dont le mérite consiste uniquement dans un premier coup de pinceau non retouché.

Quelquefois enfin, au milieu de la chambre une petite table, et c'est tout. Pas de siège, pas de lit, pas ou à peu près pas d'armoires. Il ne se peut rien concevoir de moins compliqué. En dehors de la cuisine, qui demande une organisation spéciale, et qui n'a pas de nattes à cause du feu, toutes les chambres d'une maison japonaise sont pareilles. A l'aide des séparations mobiles, on en augmente ou diminue à volonté les dimensions et le nombre, et chacune peut servir alternativement de salon, de salle à manger ou de chambre à coucher.

Asseyons-nous donc à terre, vu que la terre n'est pas percée, comme disent les voisins de Corée. Par politesse, dissimulons nos jambes de notre mieux, sans essayer pourtant de nous astreindre à la position japonaise (ce serait en vain), et méfions-nous de la crampe. Nos hôtes d'ailleurs sont trop aimables pour exiger de nous cet écrasement des pieds, auquel ils sont habitués dès l'enfance. S'ils possèdent une chaise, ce meuble aussi bizarre qu'inutile, soyez certains qu'ils seront heureux de vous l'offrir. Perdant alors le niveau commun, et planant au-dessus de toutes les têtes, outre que les objets cesseront d'être à votre portée, vous serez, je vous en préviens, plus gêné que jamais pour répondre aux politesses, qu'on ne cessera de vous faire.

Après quelques compliments soulignés de sourires artificiels et accompagnés de profondes révérences, on ne manquera pas de vous offrir un peu de tabac, et une goutte de thé dans une ombre de tasse. Si nos hôtes sont avec nous assez à l'aise pour nous inviter à un repas purement japonais, gardons-nous bien de refuser. Peut-être notre appétit ne sera-t-il pas complètement satisfait, mais nous aurons du moins connu des choses nouvelles, et n'est-ce pas précisément ce que vous cherchez?

Lorsque nous aurons vidé quelques tasses de sake, liqueur obtenue par la fermentation du riz (car on ne boit pas pendant le repas, mais seulement avant et après), nous verrons une servante entrer, se prosterner cerémonieusement, et placer devant chaque convive une petite table laquée, haute de trente centimètres, qui porte le dîner. Pas de serviette à déplier; quelques morceaux de papier en tiennent lieu. Pas de fourchette, de cuiller, ni de couteau. Une petite sache en papier peint contient l'équivalent, c'est-à-dire deux bâtonnets, ou un morceau de bois fendu par le milieu, jusqu'à moitié de sa longueur que vous devez achever de partager en deux, en ayant soin de ne pas le rompre, car ce serait de mauvais augure et le signe de votre mort prochaine. Pour arriver à se bien servir de ces bâtonnets, qui se placent tous deux dans la main droite, le premier tenu comme un porte-plume, le second appuyé sur l'extrémité de l'annulaire et à la jonction du pouce et de l'index, il faut un apprentissage, et ce n'est pas du premier coup qu'on arrive à saisir sans difficulté, comme les Orientaux, un grain de riz, un œuf ou du vermicelle.

Mais passons au menu.

Sur votre petite table sont disposées avec ordre plusieurs tasses et soucoupes. Découvrez la première. Rassurez-vous. Les filaments noirs, ressemblant à des cheveux, qui flottent dans une sorte de potage, sont des algues marines. Les Japonais sont friands de tous les produits de ce genre. Ils recueillent en particulier, sur les tiges de certaines plantes aquatiques, une matière gélatineuse jaune ou brune, appelée nôri, dont ils se régalent. Si vous éprouvez par trop de répugnance, passez à la soucoupe voisine : elle contient du poisson cru. C'est le mets substantiel par excellence de la cuisine japonaise. Dans les grandes occasions, le poisson est servi vivant, les parts des convives y sont taillées, sans qu'on se préoccupe autrement de le tuer. Une sauce de haricots fermentés, appelée shoyu, qui commence à être importée en Europe, est servie comme condiment.

Mais je vois qu'on a eu pitié de vous. J'aperçois dans une autre soucoupe, mêlés à des oignons, quelques menus morceaux de viande de bœuf (il n'y a pas de moutons au Japon). Les Japonais d'ailleurs commencent à se familiariser avec cet aliment, et sans grand souci pour la métempsycose, ils ne craignent plus guère aujourd'hui de manger leur grand-père ou leur grand'mère. Dans une dernière soucoupe vous trouverez sans doute quelques légumes : des oignons de lis bouillis, par exemple, dont la saveur se rapproche de celle du navet, de l'artichaut et de la pomme de terre; ou bien de jeunes pousses de bambous mets vraiment exquis. Enfin, pour clore le tout et pour aider au labeur de la digestion, pas de fromage, mais quelques morceaux de raves fermentées qui, sous le nom de koko, exhalent la plus insupportable odeur. Le pain est remplacé par du riz cuit simplement à l'eau, et sans sel. On le tient soigneusement fermé dans une boîte en bois, pour qu'il ne perde pas sa chaleur. La femme de notre hôte, agenouillée près de nous, en remplit poliment nos tasses dès qu'elles sont vides, nous les présente sur un plateau, et à la fin y verse quelques gouttes de thé. Silencieuse, attentive à tout, elle frappe dans ses mains lorsque quelque chose manque. Une servante apparaît alors, se prosterne, va chercher ce qu'on demande, revient, se prosterne, présente l'objet désiré, se prosterne encore et disparaît.

Les femmes ne prennent jamais leur repas en même temps que leur mari. Elles le servent, et ne mangent qu'après lui et à l'écart.

La nuit venue, et longtemps après que les lanternes en papier qui remplacent nos gaz se seront allumées à la porte de chaque maison, cette salle où nous venons de dîner pourra se transformer pour nous en chambre à coucher.

En guise de lits, quelques couvertures ouatées, appelées futons, nous seront apportées. Les nattes, épaisses de 10 à 20 centimètres et parfaitement rembourrées de paille, tiennent lieu de matelas. Comme celui de la chemise, l'usage des draps est inconnu. Aussi, lorsqu'on voyage dans l'intérieur du pays, faut-il avoir soin d'en porter avec soi. Les Japonais, après avoir changé leur robe de jour contre une robe de nuit analogue, s'étendent simplement entre deux ou plusieurs futons suivant la saison. Il existe un traversin, appelé makura, qu'il faudrait être bien cruel pour recommander aux personnes sujettes au torticoli, et même aux autres. Il se compose d'un petit support en bois surmonté d'un rouleau en étoffe large comme trois doigts et enveloppé de papier. Ce support se place sous le cou, la tête ne reposant sur rien. Cette invention a, paraît-il, l'avantage d'empêcher à la coiffure si savamment échafaudée des femmes de se déranger pendant leur sommeil.

Durant les froides nuits d'hiver, le hibachi est souvent introduit sous les futons. Mais, malgré des précautions, cette habitude donne parfois lieu à de terribles incendies. Le feu prend aux couvertures, des couvertures aux nattes et au reste de la maison. Le dormeur n'a que juste le temps de s'échapper, et en quelques heures des quartiers entiers deviennent la proie des flammes. Il n'est pas inouï de voir brûler dans une seule nuit 30 ou 10,000 maisons. C'est alors un sauve-qui peut général. D'après la coutume, les incendiés se réfugient chez les habitants des quartiers limitrophes, qui, à titre de revanche, les nourrissent et les logent pendant quelque temps.

C'est à ces sinistres assez fréquents, qu'il faut attribuer l'usage si répandu des veilleurs, qui la nuit passent dans les rues en agitant une sonnette, et en criant : « Gare au feu ! » ou en annonçant les heures. On veille même quelquefois dans l'intérieur des maisons, et à Kyoto, pendant plusieurs mois, les enfants de mes voisins m'ont endormi au choc bruyant et répété de deux morceaux de bois, accompagné de loin en loin d'une phrase plaintive. De petits belvédères appelés *hinomi* s'élèvent au-dessus des toits. On peut de là, lorsqu'un incendie est signalé, juger du danger, se rendre compte de sa distance, et observer la direction et les progrès de sa marche. Il y a aussi, dans le voisinage des maisons, des magasins construits en terre, appelés *kura*, où l'on enferme en hâte ce que l'on peut sauver.

Au Japon, on se couche tard; et, dans les hôtels, vous cherchez depuis longtemps le sommeil, que le bruit conjuré des conversations, des rires, des chants et de l'agaçant shamisen passe encore à travers vos murailles en papier et vous empêche de fermer l'œil. Le lever s'en ressent; et, pour tout bon Japonais, il est en retard sur celui du soleil. Rien de drolatique dans les hôtels, comme cette heure du réveil. Un matin, à Nara, j'en pus juger. Comme les voyageurs (et ils sont souvent nombreux) n'ont pas de tables à toilette dans leurs chambres, ils se rendent en costume de nuit, à moitié éveillés, et bâillant à qui mieux mieux, autour d'un réservoir commun. Chacun puise là son eau avec une cuiller en bambou et en remplit un récipient métallique, où procédant, à ses ablutions matinales, il se met à barboter de son mieux, sans omettre la moindre des révérences dues aux allants et venants de connaissance. Il faut voir tout ce monde se frictionner avec entrain la peau, se frotter les dents avec du sel, se gargariser bruyamment, et s'introduire les doigts jusqu'au fond du gosier, sans doute pour préparer la voie au déjeuner qui va suivre, et qui est le repas le plus important de la journée. On reconnaît aussitôt qu'on a affaire à un peuple véritablement ami de la propreté. Jamais pareil spectacle ne se verrait en aucun lieu de la Chine. Prendre des bains presque bouillants, d'où ils sortent rouges comme des écrevisses et où ils peuvent entrer impunément en venant de manger, est un plaisir incomparable pour les Japonais. Le massage est aussi très en honneur chez eux. Il fait partie de leur hygiène et constitue un métier réservé aux aveugles, qui chaque soir passent en sifflant dans les rues pour offrir leurs services.

En général, ce n'est qu'après avoir déjeuné, fumoté quelques pipes, et parloté beaucoup, qu'un Japonais commence à s'occuper de ses affaires, s'il en a ; car tout Japonais n'en a pas. Dès qu'un père a un enfant d'un certain âge et capable de le remplacer dans son métier, il devient inkyo, c'est-à-dire que, se désistant en sa faveur de ce qu'il possède, il cesse de travailler et demeure à sa charge.

Cette coutume est due au boudhisme, qui prêchait l'abdication au souverain, et à tout homme arrivé à moitié chemin de la vie un saint retirement des choses de la terre. Elle fut sans doute affermie dans le peuple par l'exemple des samouraïs, qui vivaient aux frais des daïmios, la plupart dans une grande oisiveté, encore que quelques-uns aient laissé des chefs-d'œuvre d'art et de patience.

Aujourd'hui, au contact de la civilisation occidentale, une vie plus laborieuse commence à s'imposer. Le commerce avec l'étranger va chaque année en se développant, et de 66 millions de yens (1) en 1879 (environ 300 millions de francs), il s'est élevé en 1889 à 136 millions de yens, c'est-à-dire à plus du double. Sur ce chiffre, 66 millions de yens représentent l'importation, et 70 l'exportation.

De tous côtés, on commence à fonder des usines sur le modèle des nôtres, avec tous nos perfectionnements d'outillage et de procédé. Peu à peu des ouvriers se forment, et si jusqu'à ce jour, ils ne peuvent se comparer aux nôtres pour la quantité de travail produit (leur tempérament se plie mal aux labeurs continus, et il faut qu'ils flânent toujours un peu en travaillant), on ne saurait méconnaître qu'ils joignent à une grande habileté des mains et à une grande souplesse du corps, une infatigable patience, et beaucoup d'aptitudes à saisir et à s'assimiler ce qu'on leur enseigne. La main-d'œuvre est en outre à très bon marché. Voici quels renseigne-

----

(1) Le yen est l'équivalent de la piastre. Sa valeur moyenne oscille entre 4 et 5 francs.

ments un de mes anciens apprentis de Lyon me donnait sur le salaire des ouvriers, de l'usine qu'il dirigeait à Kyoto : Cette usine comprend une teinturerie, un tissage mécanique, et un apprêt pour les soies. L'ouvrier est pris à l'âge de quinze ans, ne sachant rien. A son entrée dans l'usine, il contracte un engagement de sept années. La première il gagne 10 sens (1) par jour pendant le premier semestre, et de 12 à 15 sens pendant le second. La deuxième année, de 15 à 17 sens, puis de 17 à 20 ; la troisième, de 26 à 30 sens.

Au bout de ce temps-là, il peut être augmenté tous les six mois de 5 sens, si l'on est content de lui. Au bout de cinq ou six ans, un ouvrier peut gagner de 40 à 50 sens par jour. C'est là le salaire maximum. Les ouvriers de confiance sont payés au mois, et gagnent environ 15 yens. S'il y a des bénéfices, une distribution de gratifications, proportionnées au gain réalisé, est faite tous les six mois aux ouvriers.

Ces salaires, inférieurs de moitié à ceux de nos ouvriers, et le règlement qui les détermine, sont une innovation ! L'organisation des maisons d'industrie ou de commerce purement japonaises, telle qu'elle existe presque partout est très différente. L'apprenti ou l'employé est pris à onze ou douze ans. Il est logé, vêtu, nourri par le patron. Au printemps et à l'automne, il a trois ou quatre jours de congé pour aller voir ses parents. A ce moment, son vêtement est renouvelé, et il reçoit quelque argent pour ses menus plaisirs. A seize ans, il devient majeur (on lui coupait autrefois, au sommet de la tête, une mèche de cheveux, qu'il y portait attachée).

A partir de ce moment, il commence à gagner quelques sens chaque mois. Mais ce léger salaire varie suivant les métiers et les aptitudes du sujet. Dans les maisons de commerce il est généralement intéressé sur la vente. Cette situation dure jusqu'à 25 ou 30 ans, époque à laquelle il devient yado-baïdi, c'est-à-dire entrant dans la maison. Le patron le marie

____

(1) Le sen est la centième partie de yen.

alors, et lui donne une habitation toute meublée. Quoiqu'il
cesse de vivre sous le toit de son maître, toutes ses dépenses
sont payées par lui. Les salaires qu'il reçoit sont en général
insignifiants. Veut-il aller au théâtre, ou se divertir de quelque manière, il lui faut demander de l'argent au patron ; et
si celui-ci refuse, il est obligé de vendre ses vêtements, car
les caisses qui existent pour ses petites économies sont d'ordinaire à sec. S'il a une fille, elle sera mariée à un des employés plus jeunes. C'est l'ancienneté qui marque le rang
parmi eux. S'il a un fils, il entrera au service de la maison.
S'il en a plusieurs, ils pourront tous y être employés, lorsque
l'importance de la maison le permet. Dans le cas contraire,
ils sont placés ailleurs et font un autre métier.

Après la mort de l'employé ou de l'ouvrier, le patron pour-
voit, autant que faire se peut à la vie de sa veuve, et à
celle de ses enfants. Tel est le système encore en vigueur
d'une manière assez générale au Japon. Il nous conduit tout
naturellement à parler de l'organisation de la famille.

L'homme n'est pas seulement, comme chez nous, le chef
de la famille ; mais la famille est comme tout entière incar-
née en lui. Son autorité d'époux et de père est absolue. La
femme n'est que la servante de son mari, après avoir été,
jeune fille, la servante de son père ; elle ne compte pour rien.
Elle n'a pas d'opinion à exprimer, elle doit être satisfaite de
tout. Et on ne la consulte même pas au moment du mariage.
Au reste, même pour l'homme, le mariage est moins une
affaire personnelle qu'une affaire de famille. Les enfants sont
mariés comme l'entendent leurs parents, et il ne leur est pas
facile de se soustraire à leur volonté. Lorsqu'un père et une
mère veulent marier leur fils ou leur fille, ils s'adressent à
un entremetteur. Celui-ci se conforme à leur désir pour le
choix du parti, et se charge de toutes les démarches. Pour la
forme, il provoque une entrevue entre les futurs époux, et
préside à l'échange des présents qu'ils se font à cette occasion.
Le jeune homme offre généralement à sa fiancée une ceinture,

et il reçoit d'elle un pantalon de soie. On choisit pour le mariage un jour heureux. Conduite chez ses beaux-parents par l'entremetteur et sa femme, la jeune fille quitte alors la maison paternelle, qui est aussitôt après nettoyée de fond en comble, comme au départ d'un mort. Autrefois même, on accomplissait tout un rite de purification, et un grand feu était allumé devant la porte. En signe de deuil, la mariée, qui mourait à sa propre famille, était vêtue de blanc, et elle ne reprenait son costume ordinaire que pour le sansan-kudo. C'est la cérémonie proprement dite du mariage, pendant laquelle les époux portent par trois fois à leurs lèvres trois coupes de sake de différente grandeur. Il suffit, après cela, d'une simple notification à la mairie, en suite de laquelle le nom de la femme est transféré de son ancienne à sa nouvelle famille ; et tout est en règle. La religion n'intervient en aucune manière dans ce contrat, révocable d'ailleurs au gré des parties.

Livrée à un homme qu'elle déteste peut-être, souvent répudiée au bout de peu de temps, la femme japonaise, pour n'être point clôturée au logis de son maître, comme en tant d'autres pays de l'Orient, n'en a pas moins un sort digne de pitié. Elle n'a quelque dignité que comme mère, lorsque ses enfants sont en bas âge.

Lorsqu'un Japonais se marie, il ne s'engage guère à garder sa femme que le temps qu'elle lui plaira. Monogame en principe, s'il n'introduit pas comme en Chine, une ou plusieurs concubines à côté de sa femme légitime, il la renvoie tout uniment, et en prend une autre. Ainsi abandonnée, et arrachée à ceux de ses enfants que le père garde, cette femme passera bientôt après aux mains d'un autre mari. Il n'est pas rare de voir des païens qui, au moment de leur conversion, en sont à leur huitième ou dixième femme, ou à leur huitième ou dixième mari.

Grande est leur surprise, lorsque le missionnaire catholique les interroge sur leur premier mariage, sur cet époux ou cette

épouse légitimes, oubliés depuis longtemps, et auprès desquels s'ils vivent encore, il faut cependant faire l'interpella-
tion canonique, sans laquelle les présents conjoints ne peuvent
être mariés. Cette instabilité des unions est, on le comprend,
la ruine de la famille et la destruction des liens qui, dans
nos sociétés chrétiennes, font le plus doux charme de l'exis--
tence. L'éducation des enfants, qui suivent tantôt leur père,
tantôt leur mère, tantôt des parents adoptifs, s'en ressent profondément, et explique cette crainte et ce respect de conven-
tion qui prédominent souvent chez eux sur la véritable affec-
tion.

L'adoption, répandue à un point presque incroyable à tous
les degrés de l'échelle sociale, contribue largement aussi à
l'établissement au foyer des rapports de pure convenance.
Entrez dans une maison : on s'y traite de père, de fils, de frère,
de sœur, de cousin, d'oncle et de neveu, et cependant il n'y a
le plus souvent, entre ceux qui se donnent ces noms, aucun
des liens de consanguinité qu'ils expriment. C'est le résultat
de l'adoption. Un père a-t-il trop d'enfants, il en fait adopter
un ou plusieurs par un ami qui n'en a pas. C'est ce qui explique pourquoi les familles ne s'éteignent jamais, et pourquoi
aussi à un père distingué dans un métier ou dans un art succède presque toujours un fils également distingué. Il est
toujours possible de se choisir un héritier à son goût. En
revanche, les longues généalogies, si scrupuleusement con-
servées, ne signifient pas grand'chose.

Aux yeux des Japonais, l'adoption a un triple avantage :
elle sauvegarde le culte dû aux ancêtres morts ; elle équilibre
les familles ; enfin, et surtout, elle procure le moyen de vivre
une bonne partie de la vie sans rien faire.

Voici comment : Un commerçant adopte, par exemple, son
premier employé. Il lui laisse sa maison de commerce et,
devenu inkyo, vit à ses dépens. Toutefois, il met comme clause
à cette adoption que son propre fils, parvenu à un âge déter-
miné, sera adopté par l'employé. Si cet employé a un fils, ce

fils pourra être adopté, à son tour, par le fils du patron. Et ainsi, après quelques années de travail, chacun peut vivre paisiblement et sans souci.

Jusqu'à ces derniers temps, l'adoption a été aussi un moyen en faveur pour échapper à la conscription militaire. Les fils uniques étant exemptés du service par la loi, beaucoup de parents faisaient adopter leurs fils par quelque ami sans enfant. Il leur en coûtait d'autant moins, qu'après cinq ans, l'adopté pouvait revenir à sa véritable famille et reprendre son nom. L'armée japonaise ne comptant d'ailleurs jusqu'à présent que 200.000 hommes, et son effectif en temps de paix n'étant que de 50.000, le recrutement n'a pas lieu de se montrer tracassier. Il ne prend naturellement que les plus forts.

En 1888, dans un faubourg de Nagoya, sur 316 conscrits, 11 seulement ont été reconnus bons pour le service. Ancien engagé conditionnel et maréchal des logis, j'ai souvent pris plaisir à voir manœuvrer ces jeunes troupes, que nos officiers ont été les premiers à former, et j'ai franchement admiré leur tenue et leur entrain. Par tempérament, le Japonais est aussi soldat que le Chinois l'est peu.

Si, au Japon, la vie de famille telle que nous la concevons n'existe à peu près pas, la vie de société n'est guère plus connue. Le salon est rendu impossible par la domesticité de la femme. Les hommes ne se voient guère que pour affaires ou par étiquette. De là une vie monotone, coupée de temps à autre par des fêtes, des divertissements ou des orgies.

Dans les maisons de thé, il n'est pas de dîner d'hommes sortant un peu de l'ordinaire qui ne se termine par des danses de guêchas. Ces danses consistent dans divers mouvements du corps et surtout des bras ; les pieds n'y ont qu'un rôle secondaire. Jamais les hommes n'y prennent part, c'est un simple spectacle.

Les Japonais ont un goût très vif pour tout ce qui est cérémonie, et leurs cérémonies sont souvent allégoriques.

Au jour de l'an, tous les membres de la famille se réunissent dans une même salle. Les hommes sont assis d'un côté sur leurs talons et en ligne, et les femmes vis-à-vis. Une coupe de sake circule alors de main en main. Chacun y trempe les lèvres à son tour, suivant son âge. C'est le plus jeune des enfants qui commence à y boire et le plus âgé des vieillards qui en vide les dernières gouttes. Avec le riz qui reste de l'année précédente, on fait des pains qui sont empilés les uns sur les autres, pour exprimer qu'ainsi s'entassent les années. A l'entrée de chaque maison, on plante des arbres qui symbolisent le bonheur, le pin toujours vert, le prunier à cause de ses fleurs, le bambou qui a de si nombreux usages. Ce sont des emblèmes de jeunesse, de beauté et de richesse. La poutre transversale de la porte est ornée de paille de riz, de feuilles de fougère, d'algues marines et de papier. Au centre, on place ou une orange, dont le nom, daidai, signifie aussi « d'année en année, » ou un homard, qui est un signe de longévité. On souhaite à celui qui entre de devenir assez vieux pour avoir le dos recourbé comme le homard.

Dans la nuit du 31 décembre au 1ᵉʳ janvier (car notre calendrier a été adopté dès 1873), j'ai eu à Kyoto le spectacle de toute une ville se rendant au temple shintoïste de Guion pour chercher le feu nouveau qui s'allume alors dans chaque foyer.

En avril, quand les cerisiers se chargent de leurs magnifiques fleurs, qui ne donnent aucun fruit, c'est une réjouissance générale. La foule, en habits de fête, afflue dans les campagnes, ou aux alentours des temples. Elle vient s'asseoir sous le givre vivant et éphémère de ces beaux arbres, et s'oublie de longues heures à savourer le printemps, rire, danser, chanter, s'enivrer de poésie et de sake.

La cérémonie du thé ne manque pas non plus de grâce, et elle est fort curieuse. Les invités doivent s'introduire par une ouverture basse et en rampant dans un petit pavillon construit tout exprès. Ils s'asseyent, en rond, autour du *cotats*, trou carré ménagé au milieu des nattes de la chambre, et qui sert de foyer. Ils sont placés par ordre de dignité, les plus dignes à gauche de l'amphitryon. Après plusieurs prosternations échangées, une porte glisse, et une jeune fille, richement vêtue, apparaît. Chacun de ses pas, chacun de ses mouvements est réglé, prévu, étudié. Au milieu d'un silence profond, qui durera autant que la cérémonie, c'est-à-dire plus d'une heure, elle apporte les uns après les autres les divers ustensiles nécessaires à la préparation de ce thé solennel : une petite corbeille contenant plusieurs morceaux de charbon, qu'elle range au fond du foyer, et auxquels elle met le feu ; des parfums qu'elle y jette ; une plume d'oie, avec laquelle elle balaye soigneusement les bords du cotatz ; une marmite contenant de l'eau, qu'elle soulève avec des anses inadhérentes et place au-dessus des charbons ; des gâteaux qu'elle dépose devant le maître de la maison, pour qu'il les offre à ses hôtes, mais auxquels il ne touchera pas plus qu'à la boisson qui se prépare ; enfin, deux tasses aussi anciennes que possible, que l'on sera tenu d'admirer après y avoir bu ; un agitateur en bambou, et un petit coffret contenant du thé pulvérisé. Quand l'eau est à la température voulue, les tasses sont remplies puis vidées. Cette opération a simplement pour but de les chauffer. Elles sont remplies de nouveau, et cette fois on ajoute à l'eau une pincée de thé en poudre, qu'on délaye avec l'agitateur.

L'émulsion obtenue est d'un jaune verdâtre et d'une saveur douteuse. A tour de rôle, chaque invité, après s'être profondément incliné, doit élever la tasse à la hauteur de son front, puis la vider en trois bruyantes aspirations, et s'étant mouillé le bout des doigts au résidu de la tasse, les essuyer au rebord de sa robe.

Tous les ustensiles sont ensuite remportés dans le même ordre, avec les mêmes mouvements pleins de lenteur et de gravité, et au milieu du même silence.

Quelque gracieuse que puisse être cette cérémonie, qu'une

jeune fille n'arrive à bien exécuter qu'après plusieurs mois
d'étude, j'avoue qu'elle m'a paru longue, et je n'ai jamais
compris la nécessité de mettre tant d'art à la fabrication d'un
si mauvais breuvage.

Il existe d'autres cérémonies d'un caractère tout différent.
Je citerai seulement celle qui a pour but de chasser les esprits mauvais. Elle consiste à faire bouillir des fèves, que
l'on jette solennellement la nuit, à une époque donnée, dans
toute la maison, en prononçant ces mots : le bonheur dedans,
et les diables dehors.

Très amis de toutes ces cérémonies, les Japonais le sont
au suprême degré de la politesse. Leur réputation est faite
sur ce point ; mais il faut les avoir vus à l'œuvre pour se faire
une idée du raffinement qu'ils y mettent. Il va sans dire que
s'embrasser est de la dernière inconvenance , puisque se
toucher la main est déjà fort grossier. Cette forme de salut
n'est adoptée que par ceux qui fréquentent les Européens.
Pour tous les autres, les révérences et les prosternations suppléent à tout. Qu'un jeune homme, après un séjour de plusieurs années en Europe ou en Amérique, revienne au foyer
paternel, son premier mouvement sera de se prosterner devant ses parents la face contre terre. Les missionnaires m'ont
souvent exprimé leur saisissement, lorsque après la dernière
persécution de 1870, ils assistèrent à la reconnaissance des
familles chrétiennes qui avaient été divisées et dispersées.
Maris et femmes, parents et enfants, frères et sœurs, se pros-
ternaient en pleurant de joie les uns devant les autres, mais
ils ne se seraient pas touchés du bout du doigt.

Dans leur conversation tout émaillée de particules honorifiques, les Japonais ont aussi des délicatesses particulières.
Jamais on ne s'y contredit carrément. Exprimez-vous une
idée qui n'est point admise, aussitôt on vous répond : « Vous
avez bien raison. » Ce n'est qu'ensuite, et après plusieur
circonlocutions qu'on se permettra d'être d'un avis opposé.
Que si, devant un nombreux auditoire, vous faites, grâce à

votre inexpérience de la langue, quelque faute pendable ou quelque affreux quipropro, vous pourrez l'apprendre plus tard, mais au moment même vous n'apercevrez pas l'ombre d'un sourire sur un seul visage.

Certains points de leur politesse ne laissent point cependant que de nous choquer. Ainsi, nous ne comprenons pas qu'on puisse être poli au point de n'annoncer qu'en souriant la mort de son père ou de sa mère. Au Japon cela se fait, et j'ai vu dans plusieurs de ces circonstances des gens sourire et pleurer tout ensemble, sourire par politesse, et pleurer de douleur.

Sortez-vous de votre maison, aussitôt vos domestiques se précipitent pour vous demander où vous allez. Ça leur est très indifférent, mais c'est poli. Il suffit de leur répondre : Je vais de ce côté, je ne vais pas très loin, pour qu'ils se retirent satisfaits.

Quand un Japonais parle de sa femme, il emploie des formules de la dernière humilité. Dans le peuple, il l'appelle *goussai*, femme stupide, malpropre, bonne à rien ! A l'égard de ses enfants, il se sert de qualificatifs analogues. Il est vrai qu'en s'adressant à lui, on ne saurait sans injure employer les mêmes termes. On doit dire : Votre noble femme, et vos nobles fils.

Je passe sous silence maintes coutumes, qui diffèrent des nôtres ou leur sont contraires, et qui nous paraissent surtout étranges parce que nous n'y sommes pas faits. C'est ainsi qu'on crache dans de petits tuyaux de bambou, qui se posent sur les tables, et qu'on se mouche dans des carrés de papier, non pas que le mouchoir soit inconnu, mais il sert à d'autres fins, et notamment à s'essuyer le visage ou les mains.

Les hommes de la campagne portent ce mouchoir enroulé autour de la tête. Pour saluer, ils s'empressent de l'ôter, tout comme les citadins, usant de nos cache-nez, se croient tenus de les quitter en même temps que leurs chapeaux. C'est ainsi encore que, pour se désigner, au lieu de se toucher à la poi-

trine, on se touche le nez, et que pour compter sur ses doigts,
au lieu de commencer par le pouce, on commence par le petit
doigt. Les Japonais montent à cheval par la droite; et leurs
embarcations abordent au rivage non par l'avant, mais par
l'arrière. Ils lisent et écrivent de haut en bas et de gauche à
droite. La structure de leurs phrases est le contre-pied de
celle des nôtres. L'inversion de tous les mots est complète.
Le premier chez nous est le dernier chez eux. Une adresse
s'écrit de cette façon : France. Lyon. Terreaux des place, 2 nu-
méro X*** Pierre Monsieur. Les charpentiers manient la scie ou
le rabot, non en poussant l'outil, mais en le tirant à eux. Nous
avons vu que la construction d'une maison commence par le toit
et que le reste se fait ensuite ; les plus beaux appartements sont
toujours à l'arrière et non sur la rue. En Europe, les dames ont
la préséance sur les messieurs. Au Japon, les hommes passent d'abord, les femmes ensuite. La place d'honneur, nous
l'avons vu, est à gauche. Enfin, en chemin de fer, vos voisins
trouvent naturel de lire leur journal tout haut; ce qui parfois
est fatigant, surtout lorsque ceux qui lisent sont nombreux. Mais que peut-on contre les usages ?

Les Japonais aiment à la folie les divertissements. Chaque
ville a ses jeux forains presque en permanence, où la foule
se presse pour voir des sumôtori (lutteurs d'une corpulence
énorme), des jongleurs, des avaleurs de sabre, des équilibris-
tes, des danseuses, et cent autres curiosités.

Nulle part, aucun quartier n'est plus animé que celui des
théâtres. A l'extérieur, des peintures représentent sur de
grandes pancartes les scènes les plus terrifiantes des drames
qui se jouent au dedans. Le spectacle commence généralement le matin, pour ne se terminer qu'au milieu de la nuit.
Aussi les amateurs portent-ils leurs repas avec eux dans une
boîte à bento. Quand ils s'ennuyent, ils allument leur pipe et vont
prendre l'air un instant au dehors; puis ils reviennent s'accroupir dans un des carrés de bois qu'ils ont loué, et qui divisent le
parterre à la façon d'un échiquier. Tous les rôles, même ceux

des femmes sont remplis par des hommes. Ils savent à mer-
veille se grimer, et adoucir leur voix et leurs mouvements.
Ils font usage de masques, qu'ils quittent ou reprennent, suivant les rôles, sous les yeux du public. Les acteurs entrent
souvent en scène par le fond du théâtre, à l'aide d'un pont
qui traverse le parterre, en sorte qu'une partie de l'action se
passe au milieu des spectateurs. J'ai ouï dire, qu'on y jouait
surtout des drames dont le thème emprunté à l'histoire, était
soit un trait de piété filiale, soit un exemple de fidélité hé-
roïque à un maître, ou à une cause. On m'a assuré que le
théâtre japonais ne méritait pas toute la réputation d'immoralité qu'on lui a faite.

A certains jours, dans les campagnes, c'est le parvis du
temple lui-même, qui, comme chez nous au moyen âge, s'im-
provise en théâtre. En traversant le village de Saga, je trou-
vai un jour toute la population rassemblée devant la pagode.
Au-dessus de la porte se lisaient, en caractères chinois, ces
mots : Jeux en l'honneur du Boudha. J'assistai à la pantomime
suivante, fort bien exécutée par de simples paysans.

« Un homme et une femme sont couchés à terre et dor-
ment profondément. Au milieu des ténèbres de la nuit arrivent des voleurs, armés jusqu'aux dents. Ils entrent à tâtons
et avec précaution dans la maison; commettent divers larcins
et mettent finalement la main sur une jarre de sake. Leur
joie est au comble. Toujours silencieux ils gesticulent, se
disputent, boivent et s'enivrent si bien qu'ils finissent par
éveiller les dormeurs. Ceux-ci se lèvent en sursaut, et tombent dans une épouvante drolatique; la femme, en particulier, s'évanouit dans les bras des voleurs, qui l'emportent
en titubant. »

Les fêtes religieuses sont elles-mêmes, pour le peuple, une
occasion de se divertir. La prière d'un Japonais est bien vite
faite. Lorsqu'un pèlerin, après plusieurs lieues de marche,
entre dans une pagode célèbre, il agite à l'aide d'une corde
un énorme grelot suspendu aux poutres du toit, et frappe

deux ou trois fois dans ses mains pour attirer l'attention du dieu. En quatre paroles, il lui demande sa protection, les biens et les jouissances de ce monde ; puis jetant quelques rins, c'est-à-dire moins d'un sou, dans le sanctuaire, il se retire. J'ai vu des païens se comporter à peu près de même dans nos églises catholiques, et y prier le vrai Dieu tout comme un autre. Fait à noter : les Japonais passent sans scrupule de leurs lieux les plus saints dans les plus infâmes. Quant aux bonzes, ils ont, même auprès du peuple, la réputation de la plus grande immoralité.

A Kyoto, la ville sainte, j'ai souvent assisté aux fêtes boudhistes ou shintoïstes. Les premières sont le plus ordinairement renfermées dans les temples, tandis que les secondes ont la rue pour théâtre.

Au temple boudhiste de Tchion-in se célèbre, le 23 avril de chaque année et les jours suivants, une grande fête en l'honneur du fondateur de secte Hônen Shonin. Au fond d'une grande salle obscure et écrasée sous un énorme toit, plusieurs idoles dorées ; sur l'autel principal, des lumières, des fleurs, des bâtonnets d'encens, des inscriptions en caractères chinois, des pains de riz et beaucoup d'autres objets. Sur les nattes du sanctuaire, une foule de petites tables qui portent les livres sacrés des bonzes, et derrière lesquelles ils viendront s'accroupir. En attendant qu'une grosse cloche, suspendue sous un édicule voisin, retentisse sous les coups d'un battant extérieur en bois, et donne le signal, dans un coin un bonze prêche un peuple peu nombreux, tandis que d'autres répandus çà et là répètent au son du tambour leur éternelle prière : Amida ! Amida ! Amida ! Tout à coup, le bruit cesse ; de chaque côté de l'autel s'avancent lentement deux longues files de bonzes. Ils sont plus de cent, et portent des costumes éclatants. Ils se partagent en deux chœurs à droite et à gauche de l'autel. Dès que le chef de la secte, un vieillard, vêtu de rouge, a fait son entrée avec ses acolytes, et s'est accroupi sur un siège établi en face de la statue du Boudha, tous se prosternent la face contre terre. Alors s'élève une plainte sourde, monotone et froide comme le Nirvana. C'est la prière de l'anéantissement. Elle vole d'un chœur à l'autre, interrompue seulement par de fréquentes prosternations, par la lecture de quelques rares leçons, et par des morceaux de musique d'une effroyable sauvagerie. Une procession des bonzes autour de l'autel et une courte prière de la foule terminent cette cérémonie.

Les fêtes shintoïstes ont un caractère beaucoup moins religieux. Comme le shintoïsme n'a pas de prêtres, mais de simples gardiens de pagodes, appelés Kanushi, c'est le peuple qui en fait tous les frais. Le jour de la fête d'Innari, le dieu des rizières, on voit se former un immense cortège d'hommes et d'enfants presque nus. En grande pompe, et à grand bruit, ils portent au travers des rues les insignes du dieu : ses lances, ses sabres, ses boucliers, ses arcs, son drapeau. Les dévots se disputent l'honneur de meurtrir leurs épaules sous le poids des Mi-Koshi, sorte de grands tabernacles recélant les miroirs d'Amatéras, objets du culte shintoïste. Les enfants qui ne peuvent atteindre le Mi-Koshi s'agitent en criant sous les pas des porteurs. La croyance de leurs parents est qu'ils deviendront plus forts que les autres enfants. Quant aux hommes, ils doivent jouir pendant l'année d'une parfaite santé.

Le dieu Innari a pour serviteur fidèle le renard, animal d'autant plus adoré, qu'il est plus redouté. Mille légendes effrayantes circulent sur son compte. La nuit, il se change, dit-on, en jeune fille, et se plaît à entraîner les voyageurs en dehors de leur route. Pour se mettre à l'abri de ses mauvais tours, il suffit, quand on sort, de lécher la chandelle de sa lanterne avant de l'allumer.

Dans une autre fête shintoïste, celle de Guion, la foule s'attelle à des chars monumentaux, dépassant de beaucoup la hauteur des maisons, et au haut desquels sont triomphalement portés avec des filles de mauvaise vie transformées en déesses les plus enragés et les plus infatigables musiciens qui soient au monde.

Au fond, ces fêtes ne sont que prétextes à des réjouissances publiques. L'élément religieux y est fort secondaire. Les dieux du vieux Japon se meurent, et le mikado, si respecté qu'il soit encore de son peuple, n'en est plus adoré. J'en ai pu juger, lors de son passage et de celui de l'impératrice à Kyoto Les souverains avaient été attirés entre autres choses, dans leur ancienne capitale, par l'inauguration d'un canal destiné à mettre en communication le lac Biwa et la rivière Kamogawa. Près de Kyoto, les eaux du canal tombent de la montagne en cascades, dont la force sera utilisée pour diverses usines, et les bateaux sont chargés à l'américaine sur les trucs d'un petit chemin de fer, puis remis à flot au delà des chutes.

A cette occasion, toute la ville fut en liesse. Il y eut, la nuit, des illuminations magnifiques, où la lumière des lanternes en papier rouge se mêlait à celle de l'électricité ; il y eut un tintamarre infernal au haut des chars sacrés, et l'on tira même des feux d'artifice en plein jour. Mais ce qui me frappa surtout, dans cette vieille capitale ornée d'arcs de triomphe, tout enguirlandée de verdure et pavoisée de drapeaux, ce fut dans leur rapprochement l'attitude du souverain et celle de son peuple.

Chaque fois que le grand carrosse fermé qui contient le mikado passe au trot dans les rues, précédé de quelques lanciers à cheval, la foule pressée fait une double haie sur son passage. Non plus prosternée à terre, comme autrefois, elle se tient debout, grave, silencieuse et sans enthousiasme apparent. Quant au Fils des dieux, plein de majesté et à peine visible à ses sujets, il ne daigne pas plus les saluer que l'impératrice ne daigne leur sourire. Les flottantes bannières des enfants des écoles ont beau remplir les airs de ce vœu mille fois répété que chacune d'elles porte en ses plis : « Dix mille ans l'âge du saint ! » Ce vœu, le vent l'emporte ! Le saint passe sans paraître le voir. Et la rencontre de ce peuple, naturellement si rieur et si gai, avec son souverain a je ne sais quoi de triste qui fait songer à la patrie absente, où, depuis des siècles, quiconque commande doit avoir appris, à l'école du christianisme, à se regarder comme un serviteur.

En résumé, Messieurs, malgré de merveilleux progrès, malgré un essor soutenu vers la civilisation chrétienne, le vieux Japon n'est pas mort tout entier. Il se survit dans ses mœurs. La révolution qui, depuis vingt ans, s'opère dans ses institutions n'est point achevée, et, dans le domaine des idées, bien des préjugés, bien des erreurs et bien des ignorances doivent tomber encore.

Mais, à côté de cela, que de ressources, que de qualités naturelles dans ce peuple !

Il est intelligent, industrieux et avide de s'instruire. Il est entreprenant et généreux. Il a la passion de la gloire, l'orgueil et l'amour de lui-même. Très accessible au motif de l'honneur, il pousse le courage jusqu'au mépris de la mort. Il est patient, doux et poli. Fin diplomate et bon soldat, s'il persévère dans ses efforts, peut-être deviendra-t-il grand quelque jour. Pour moi, me ressouvenant des innombrables martyrs qu'il a donnés dans le passé à la foi du Christ, j'aime à saluer en lui la lumière de l'Asie. Après avoir reçu de la Corée et de la Chine sa première civilisation païenne, peut-être communiquera-t-il à ces nations, qu'il devance à cette heure, la civilisation plus haute qu'il a reçue de nous. Prêtre catholique, c'est le vœu que je forme pour lui. Comme le paganisme de l'empire romain, le paganisme des empires d'Asie est appelé, j'en ai la conviction, à s'écrouler en face de l'Evangile.

Au Japon, sur les ruines des vieilles chrétientés fondées par saint François Xavier, 50.000 catholiques viennent, en ces derniers temps, de renaître, et, chaque année, leur nombre va s'augmentant de plusieurs milliers. Trois évêques et bientôt quatre, quatre-vingts missionnaires et soixante religieuses, qui tous sont Français, travaillent dans le silence à la régénération morale de ce peuple. Par eux la famille s'organise, la femme est rétablie dans sa dignité d'épouse et de mère, les enfants abandonnés sont recueillis et protégés; les mœurs sont purifiées, les âmes délivrées et rendues à la lumière C'est par ces Français et par ces Françaises que la France continue à mes yeux son rôle de nation civilisatrice dans le monde. Et je sais, pour l'avoir constaté, que, grâce à leurs bienfaits, jusqu'aux confins de l'Asie, le nom de la France est aimé et respecté.

F. MARNAS,
Missionnaire apostolique.

LYON. — Imprimerie Emmanuel VITTE, rue Condé, 30.

www.ingramcontent.com/pod-product-compliance
Lightning Source LLC
LaVergne TN
LVHW022343170726
843503LV00008B/3526